MINISTÈRE DE LA GUERRE

INSTRUCTION

DU 3 DÉCEMBRE 1882

POUR L'ADMISSION

DES SOUS-OFFICIERS

A

L'ÉCOLE MILITAIRE D'INFANTERIE

MODIFIÉE PAR LA LETTRE COLLECTIVE DU 5 JUIN 1883

ET PAR LA CIRCULAIRE Nº 51 DU 12 MAI 1885

ET COMPLÉTÉE PAR LE PROGRAMME DU 31 JUILLET 1879

PARIS	LIMOGES
11, Place St-André-des-Arts.	Nouvelle route d'Aixe, 46.

IMPRIMERIE, LIBRAIRIE ET PAPETERIE MILITAIRES

Henri CHARLES-LAVAUZELLE, Editeur

1885

MINISTÈRE DE LA GUERRE.

INSTRUCTION

DU 3 DÉCEMBRE 1882
POUR L'ADMISSION

DES SOUS-OFFICIERS

A

L'ÉCOLE MILITAIRE D'INFANTERIE

MODIFIÉE PAR LA LETTRE COLLECTIVE DU 5 JUIN 1883
ET PAR LA CIRCULAIRE N° 51 DU 12 MAI 1885
ET COMPLÉTÉE PAR LE PROGRAMME DU 31 JUILLET 1879

PARIS
11, Place St-André-des-Arts

LIMOGES
Nouvelle route d'Aixe, 50.

IMPRIMERIE ET PAPETERIE MILITAIRES
Henri CHARLES-LAVAUZELLE
Libraire-Editeur

—

1885.

INSTRUCTION

POUR L'ADMISSION

DES

SOUS-OFFICIERS

A

L'ÉCOLE MILITAIRE D'INFANTERIE

RÈGLES D'ADMISSION DES ÉLÈVES.

Art. 1er. Chaque année, à l'inspection générale, les chefs de corps proposent, pour être admis à subir les examens d'admission à l'Ecole militaire d'infanterie, les sous-officiers de cette arme jugés aptes à devenir officiers.

Les sous-officiers du cadre fixe des écoles militaires sont proposés par les commandants de ces écoles.

Sont également admis au concours, conformément aux dispositions de l'article 41 de la loi du 16 mars 1882 sur l'administration de l'armée, les sous-officiers des sections d'infirmiers, de commis et d'ouvriers d'administration qui sont l'objet de propositions régulières.

Art. 2. Il est établi pour chaque sous-officier un état de proposition sur lequel le mérite du candidat est constaté et apprécié successivement par le chef de corps ou de service, le général de brigade et l'inspecteur général. Chacun d'eux résume son opinion dans une seule cote numérique représentée par un nombre entier pris dans l'échelle de 12 à 20 et qualifiant à la fois la conduite, la capacité et l'aptitude au commandement.

Ces cotes correspondent aux valeurs ci-après :
12 assez bien ;
15 bien ;
18 très bien ;
20 parfaitement ;

La note définitive du candidat s'obtient en multipliant la moyenne des trois cotes par le coefficient 30 indiqué à l'article 24 de la présente instruction.

Pour les candidats qui, par suite de leur situation spéciale, n'ont été l'objet que de deux notes seulement, on prend la moyenne des deux notes et on la multiplie par le coefficient 30 (1).

		Conduite, capacité et aptitude au commandement.
(1)	*Premier exemple* :	
Note du chef de corps....................		16
Note du général de brigade...............		17
Note de l'inspecteur général.............		16
Moyenne................		16.3
Note définitive, 16.3 × 30 = 489.		
Deuxième exemple :		
Note du chef de corps ou de service....		18
Note de l'inspecteur général............		17
Moyenne.................		17.5
Note définitive, 17.5 × 30 = 525.		

En d'autres termes, la note maxima d'aptitude né

L'état de proposition est accompagné :

1° Du relevé des services ;

2° Du relevé des punitions infligées au sous-officier depuis son entrée au service.

Les dossiers doivent être remis à l'inspecteur général avant son arrivée, afin qu'il puisse examiner d'une manière spéciale les candidats et les apprécier pendant le cours de ses opérations.

Art. 3. Le concours comprend des compositions écrites, des examens oraux, un examen d'instruction militaire pratique et un examen d'aptitude physique.

COMPOSITIONS ÉCRITES.

Art. 4. Les compositions écrites servent à établir un premier classement destiné à exclure des examens oraux et de l'examen d'instruction militaire pratique les candidats insuffisamment intruits; puis à déterminer concurremment avec ces examens le classement par ordre de mérite des candidats.

Art. 5. Dans les premiers jours de janvier, les candidats sont convoqués pour subir les épreuves écrites au lieu où se trouve l'état-major de la division sur le territoire de laquelle ils sont

---

doit pas dépasser 600 points (20 × 30) de manière à laisser aux quatre éléments d'appréciation qui déterminent le classement des candidats (compositions écrites, examens oraux, instruction militaire pratique, aptitude au commandement), la valeur relative que leur attribue l'échelle des coefficients fixée par l'article 24 de la présente instruction.

stationnés. Ils doivent y être rendus la veille du jour fixé pour ces épreuves, et sont placés en subsistance dans un corps de la garnison.

Les compositions sont surveillées par des officiers d'infanterie du grade de capitaine, au nombre de deux au moins, désignés par MM. les généraux commandant les corps d'armée ; chacun de ces officiers reçoit un exemplaire d'une instruction spéciale concernant sa mission.

Les sujets des compositions et les imprimés nécessaires sont envoyés sous plis cachetés, par le Ministre, à tous les commandants de corps d'armée.

Les sujets des compositions sont tirés du programme du règlement du 31 juillet 1879 sur le service des écoles régimentaires des corps d'infanterie.

Les compositions écrites comprennent :

1° Une dictée *(la ponctuation ne sera pas dictée aux candidats)* ;

2° Une narration française *(lettre, rapport ou étude historique)* ;

3° Résolution de problèmes d'arithmétique ;

4° Résolution de problèmes de géométrie.

Art. 6. L'enveloppe renfermant chaque sujet de composition est décachetée par l'un des officiers délégués, en présence des candidats réunis pour subir les épreuves écrites.

Le procès-verbal de la séance devra constater si le cachet était intact.

Art. 7. Toutes les compositions sont faites sur des feuilles à tête imprimée, délivrées aux sous-officiers au commencement de la séance et revêtues alors de la signature de l'un des officiers chargés de la surveillance ; chaque candidat, en les recevant, appose son nom sur la tête imprimée de chacune de ces feuilles et signe à l'endroit indiqué sur cette tête avant de remettre la composition au délégué.

Art. 8. Il est accordé aux candidats :

1° Pour relire la dictée, *quinze minutes ;*

2° Pour la composition française, *quatre heures ;*

3° Pour les problèmes d'arithmétique, *trois heures ;*

4° Pour les problèmes de géométrie, *trois heures.*

Art. 9. A l'expiration du temps accordé pour chaque composition, celles-ci sont remises, séance tenante, à l'un des officiers surveillants.

Tout candidat qui ne remet pas l'une quelconque des compositions ou qui ne se présente pas à l'une des épreuves est par cela seul exclu du concours.

Mais les compositions inachevées n'entraînent pas l'exclusion.

Art. 10. Toutes les compositions des candidats qui ont pris part aux quatre épreuves sont adressées au Ministre de la guerre, réunies dans une grande et solide enveloppe, portant en suscription l'indication de son contenu, scellée par les délégués et contre-signée de leurs noms.

Art. 11. Les compositions sont soumises au jugement de correcteurs nommés par le Ministre de la guerre, sous la surveillance de la commission d'examen dont il sera parlé ci-après.

Art. 12. Avant de remettre aux correcteurs les compositions des candidats, les examinateurs détachent la partie de chacune des feuilles sur laquelle se trouvent le nom et la signature du candidat.

Les noms sont remplacés par des numéros d'ordre.

Les parties enlevées restent sous scellés.

Art. 13. Les compositions sont cotées par les correcteurs d'un numéro de mérite compris dans l'échelle de 0 à 20.

Toute note inférieure à 10 pour l'orthographe déterminera à elle seule l'exclusion, qui atteindra également tout candidat convaincu de fraude.

La cote donnée à une composition est portée sur la composition même, puis multipliée par le coefficient correspondant à la nature de la composition (art. 24), ce qui détermine le nombre de points attribué au candidat pour cette composition.

Art. 14. Les corrections terminées, la commission d'examen dresse un état général portant les numéros d'ordre des compositions, avec l'indication des cotes données à chacune d'elles, de leurs produits par les coefficients et de la somme de ces produits.

Toutes les copies d'un même candidat ont le même numéro d'ordre qui correspond au nom de ce sous-officier.

On dresse une liste de tous ces numéros par ordre de mérite d'après la somme totale des points obtenus.

Cette liste, sur laquelle les candidats ne sont représentés que par des numéros, est soumise au Ministre qui détermine, pour l'année, le nombre des admissibles aux épreuves orales.

Art. 15. Immédiatement après la décision du

Ministre, les noms des candidats sont portés sur la liste de classement, à l'aide des numéros d'ordre inscrits sur les entêtes imprimés.

La liste des candidats admis aux épreuves orales est publiée dans le *Journal officiel* et adressée à MM. les généraux commandant les corps d'armée.

Cette liste est établie dans l'ordre des corps d'armée et, dans chaque corps, dans l'ordre numérique des régiments.

EXAMENS ORAUX ET EXAMEN D'INSTRUCTION
MILITAIRE PRATIQUE.

Art. 16. La commission chargée de faire passer les examens oraux et l'examen d'instruction militaire pratique est composée de quatre membres nommés par le Ministre de la guerre, savoir : un colonel ou lieutenant-colonel, président ; trois chefs de bataillon d'infanterie.

Les examens portent sur les matières ci-après :

1° *Géométrie* (Programme du règlement du 31 juillet 1879) ;

2° *Topographie* (Programme du règlement du 31 juillet 1879) ;

3° *Histoire de France* (Programme du règlement du 31 juillet 1879) ;

4° *Géographie* (Programme du règlement du 31 juillet 1879) ;

5° *Instruction militaire pratique* (1re partie de l'école de compagnie et mouvements de la section en ordre dispersé) ;

6° *Gymnastique* ;

7° *Escrime* (1);

Art 17. La commission siège d'abord à Paris, puis se transporte successivement à Lyon, Toulouse et Nantes.

Sont convoqués à Paris, les candidats stationnés dans le gouvernement militaire de Paris et le territoire des 1er, 2e, 3e, 4e, 5e et 6e corps d'armée ;

Sont convoqués à Lyon, les candidats stationnés dans le gouvernement militaire de Lyon et le territoire des 7e, 8e, 13e, 14e et 15e corps d'armée ;

Sont convoqués à Toulouse, les candidats stationnés sur le territoire des 12e, 16e, 17e et 18e corps d'armée ;

Sont convoqués à Nantes, les candidats stationnés sur le territoire des 9e, 10e et 11e corps d'armée.

Le Ministre fait connaître en temps opportun la date à laquelle doivent commencer les examens dans chacun des quatre centres indiqués ci-dessus.

Les candidats sont placés en subsistance dans un corps de la garnison pendant la durée des examens.

Art. 18. Le tour d'examen des sous-officiers admis aux épreuves orales est déterminé dans

---

(1) En outre, conformément aux décisions du Ministre portées à la connaissance des troupes par la circulaire 51 du 12 mai 1885, les épreuves orales comprendront des interrogations sur l'arithmétique, la fortification et les divers règlements, service intérieur, service en campagne et tir.

chaque centre par l'ordre alphabétique de la première lettre de leur nom patronymique.

La veille de chaque séance, le président de la commission d'examen fait afficher la liste des candidats qui peuvent être interrogés dans la séance suivante: ceux d'entre eux qui, sans motifs valables, ne se présentent pas lorsqu'ils sont appelés, peuvent être punis disciplinairement et exclus du concours.

Art. 19. Les examens sont publics, mais pour les candidats seulement, l'entrée des salles restant interdite à toute autre personne.

Art. 20. Les examens roulent sur les matières indiquées à l'article 16, et les examinateurs posent toutes les questions qu'ils jugent nécessaires pour s'éclairer sur le degré d'instruction des candidats.

Art. 21. Pour l'examen d'instruction militaire pratique, il est constitué, dans chaque centre, une compagnie de manœuvre de 64 files (16 files par section). fournie par un corps de la garnison. Les candidats expliquent et font exécuter, comme instructeurs, un ou plusieurs mouvements de la 1re partie de l'école de compagnie et un ou plusieurs mouvements de la section en ordre dispersé. Ils remplissent, en outre, successivement les fonctions de guides et de chefs de section.

Art. 22. Chaque examinateur attribue aux réponses des candidats, dans les diverses parties sur lesquelles il les a interrogés, une cote numérique comprise dans l'échelle de 0 à 20. Cette cote est multipliée ensuite par le coefficient correspondant.

Art. 23. Immédiatement après la clôture des opérations dans chaque centre d'examen, le président de la commission en fait connaître le résultat au Ministre.

COEFFICIENTS (1).

Art. 24. Les coefficients sont fixés ainsi qu'il suit :

Conduite, capacité, aptitude au commandement...................... 30

Compositions.

Dictée........................	8	
Narration.....................	12	36
Arithmétique..................	8	
Géométrie.....................	8	

Examens oraux.

Arithmétique et géométrie....	10	
Topographie et fortification...	10	44
Histoire......................	12	
Géographie....................	12	

Instruction militaire.

Pratique......................	14	
Service intérieur, en campagne, tir....................	12	30
Gymnastique	2	
Escrime	2	

TOTAL......... 140

DISPOSITIONS SPÉCIALES A L'ALGÉRIE
ET A LA TUNISIE.

Art. 25. Les candidats proposés au titre de l'Algérie sont soumis à des épreuves écrites, à

---

(1) Cet article est modifié d'après la circ. n° 51 du 12 mai 1885.

des examens oraux, à un examen d'instruction
militaire pratique et à un examen d'aptitude
physique, dans les mêmes conditions que les
candidats des dix-huit corps d'armée de l'intérieur, sauf les modifications indiquées ci-après :

Les compositions écrites ont lieu, non seulement au siège des trois divisions territoriales,
mais encore dans un certain nombre d'autres
localités déterminées par M. le général commandant le 19ᵉ corps d'armée, en tenant compte
de l'emplacement des troupes et de la nature des
communications.

Les compositions sont adressées au Ministre
de la guerre ; leur correction a lieu conformément aux prescriptions des articles 11, 12, 13,
14 et 15 de la présente instruction ; il est établi
une liste de classement particulière à l'Algérie
sur laquelle le Ministre détermine le nombre
des sous-officiers à admettre aux épreuves
orales.

Les examens oraux, l'examen d'instruction
militaire pratique et l'examen d'aptitude physique sont passés devant une commission spéciale à l'Algérie qui a la même composition que
celle de l'intérieur et qui siège successivement à
Alger, à Oran et à Constantine, pour les candidats admissibles des trois divisions.

Immédiatement après la clôture des opérations dans chacun de ces trois centres, le président de la commission en fait connaître le résultat au Ministre.

Art. 26. Les sous-officiers proposés au titre
de la Tunisie ne sont astreints qu'à des épreuves
écrites.

M. le général commandant le corps d'occupation fixe les localités dans lesquelles ont lieu ces épreuves.

Les compositions sont adressées au Ministre de la guerre et corrigées comme il vient d'être dit ci-dessus. Elles servent à établir le classement des candidats, ainsi qu'il est expliqué à l'article suivant.

LISTE D'ADMISSION.

Art. 27. Les sous-officiers proposés au titre des corps de l'armée de l'intérieur, au titre de l'Algérie et à celui de la Tunisie forment trois groupes distincts, qui concourent séparément entre eux pour l'admission à l'Ecole militaire d'infanterie.

Le Ministre de la guerre fixe, chaque année, le nombre de sous-officiers à admettre définitivement à l'Ecole d'après l'ordre de classement :

1° Pour l'intérieur ;
2° Pour l'Algérie ;
3° Pour la Tunisie.

Dans les deux premiers groupes, le classement est déterminé par le nombre total de points obtenus : pour la conduite, la capacité et l'aptitude au commandement ; pour les compositions écrites ; pour les examens oraux ; pour l'examen d'instruction militaire pratique ; pour l'examen d'aptitude physique.

Dans le troisième groupe, le classement est déterminé par le total des points obtenus pour les compositions écrites ; pour la conduite, la capacité et l'aptitude au commandement.

Art. 28. La liste définitive d'admission est

publiée dans le *Journal officiel* et est adressée a MM. les généraux commandant les corps d'armée.

Les trois groupes figurent séparément sur cette liste et dans chacun d'eux les candidats sont placés par ordre de mérite.

Paris; le 3 décembre 1882.

Le Ministre de la guerre,

BILLOT.

Le Ministre de la guerre à MM. les gouverneurs militaires de Paris et de Lyon; les généraux commandant des corps d'armée; le général commandant la division d'occupation de Tunisie. (Direction de l'Infanterie, bureau de l'instruction.) *Circulaire* n° 51.

Paris, le 12 mai 1883.

(Au sujet des examens d'admission à l'Ecole militaire d'infanterie.)

Mon cher général, les derniers examens d'admission à l'Ecole militaire d'infanterie ont permis de constater que les candidats avaient fait dans la voie du travail des efforts appréciables, mais ils ont fait ressortir en même temps de grandes inégalités dans les modes de préparation employés.

Dans certains corps, cette préparation a été constante pendant toute l'année; dans d'autres, au contraire, une période de deux ou trois mois a été exclusivement consacrée à la revision des différents cours, au détriment des exercices militaires.

Il importe de faciliter les epreuves d'admission à l'Ecole militaire d'infanterie, aux sous-officiers qui montrent du goût pour la carrière des armes. Ce but ne peut être atteint que par une préparation méthodique et de tous les jours ; il convient à cet effet de ne confier le soin de professer les cours qu'à des officiers d'un zèle et d'une capacité éprouvés, et de ne négliger aucune partie de l'instruction militaire.

Je vous prie, en conséquence, de rappeler expressément aux chefs de corps placés sous votre commandement que les candidats à Saint-Maixent ne doivent être dispensés d'aucun exercice ni du service intérieur.

Les examens ont également montré qu'il était nécessaire d'apporter quelques changements dans le programme d'admission et les coefficients affectés aux différentes matières de ce programme.

A l'avenir, les épreuves orales comprendront des interrogations sur l'arithmétique, la fortification et les divers règlements : service intérieur, service en campagne et tir.

PROGRAMME

Des matières sur lesquelles rouleront les épreuves écrites et orales des sous-officiers candidats à l'Ecole militaire d'infanterie. (Instruction ministérielle du 3 décembre 1882, articles 5 pour les épreuves écrites et 16 pour les épreuves orales.)

COURS DE FRANÇAIS.

Revision des règles de la grammaire française et applications.... 8 leçons.

ARITHMÉTIQUE.

1ʳᵒ *séance*. — Principes élémentaires de l'arithmétique. — Numération. — Addition et soustraction des nombres entiers. — Multiplication des nombres entiers. — Table de multiplication.

2° *séance*. — Le produit d'une multiplication reste le même quand on intervertit l'ordre des facteurs. — Si l'on multiplie l'un des facteurs par un nombre, le produit est multiplié par ce nombre. — Carré d'un nombre. — Cube d'un nombre. — Preuve de la multiplication par une autre multiplication. — Applications.

3° *séance*. — Division des nombres entiers. — Cas où le dividende a un ou deux chiffres et le diviseur un seul. — Cas où le dividende et le diviseur ont plusieurs chiffres. — Trouver le nombre de chiffres du quotient. — Méthode pour trouver plus commodément le chiffre du quotient, lorsque le diviseur a plusieurs chiffres. — Simplification de la division lorsque le dividende et le diviseur sont terminés par des zéros. — Preuve de la multiplication par une division. — Preuve de la multiplication par 9. — Applications.

4° *séance*. — Divisibilité des nombres. — Caractères de divisibilité d'un nombre par 2, 3,

4, 5, 9. — Définition d'un nombre premier. — Fractions ordinaires. — Principes fondamentaux.

1° On rend une fraction 2, 3, 4 fois plus grande en multipliant son numérateur par 2, 3, 4, sans toucher au dénominateur;

2° On rend une fraction 2, 3, 4 fois plus petite en multipliant son dénominateur par 2, 3, 4, sans toucher au numérateur;

3° On ne change pas la valeur d'une fraction en multipliant ou en divisant les deux termes par le même nombre. — Simplification des fractions.

5e *séance*. — Nombre fractionnaire. — Réduire un nombre entier en nombre fractionnaire. — Extraire les entiers contenus dans un nombre fractionnaire. — Réduction des fractions au même dénominateur. — Opérations sur les fractions ordinaires. — Addition. — Soustraction.

6e *séance*. — Multiplication des fractions ordinaires. — Multiplication d'un nombre entier par une fraction, d'une fraction par une autre fraction, d'une fraction par un nombre entier. — Multiplication de nombres entiers accompagnés de fractions. — Division des fractions ordinaires. — Division d'un nombre entier par une fraction, d'une fraction par une autre fraction, d'une fraction par un nombre entier. — Division des nombres entiers accompagnés de fractions.

7° *séance*. — Fractions décimales. — Nombres décimaux. — Changements produits par le déplacement de la virgule. — Opérations sur les fractions décimales et les nombres décimaux.

— Addition. — Soustraction. — Multiplication.
— Cas où le produit a moins de chiffres qu'il n'y a de décimales dans les deux facteurs.

8e *séance*. — Division des fractions décimales et des nombres décimaux. — Évaluer le reste d'une division en décimales. — Faire la division de deux nombres lorsque le diviseur est plus grand que le dividende. — Calculer un quotient à un dixième, un centième, un millième près. — Transformer une fraction ordinaire en fraction décimale et inversement.

9e et 10e *séances*. — Système métrique. — Unité fondamentale de ce système. — Mesures de longueurs, mesures de surfaces. — Mesures de volumes. — Mesures de poids. — Monnaies.

11e *séance*. — Notions sur les rapports. — Méthode de réduction à l'unité. — Règle de trois simple, composée. — Calcul du « *pour cent* ».

12e *séance*. — Règles d'intérêt. — Partage d'une somme en parties proportionnelles à des nombres donnés. — Problèmes.

13e *séance*. — Notation algébrique. — Règle des signes.

GÉOMÉTRIE PLANE.

1re et 2e *séances*. — De la ligne droite et du plan. — Ligne brisée, ligne courbe. — Angles. — Angles adjacents. — Angles égaux. — Angle droit, aigu, obtus. — Perpendiculaire. — Verticale. — Par un point pris sur une droite, on peut mener une perpendiculaire à cette droite; on ne peut en mener qu'une.

Angles opposés par le sommet. — Leurs propriétés.

3ᶜ et 4ᵉ *séances*. — Triangle.

Dans un triangle, un côté quelconque est plus petit que la somme des deux autres.

Cas d'égalité des triangles.

5ᵉ et 6ᵉ *séances*. — Triangle isocèle, triangle équilatéral, triangle rectangle.

Propriétés du triangle isocèle.

Bissectrice d'un angle.

D'un point pris hors d'une droite, on peut abaisser une perpendiculaire sur cette droite, on ne peut en abaisser qu'une.

Propriétés de la perpendiculaire et de l'oblique.

Cas d'égalité des triangles rectangles.

7ᵉ et 8ᵉ *séances*. — Parallèles.

Deux droites perpendiculaires à une troisième sont parallèles entre elles.

Par un point pris hors d'une droite, on peut mener une parallèle à cette droite (on admettra sans démonstration qu'on ne peut en mener qu'une).

Si deux droites sont parallèles, toute droite perpendiculaire sur l'une d'elles est perpendiculaire sur l'autre.

Deux droites parallèles à une troisième sont parallèles entre elles.

Les angles formés par deux parallèles et une sécante sont deux à deux égaux ou supplémentaires.

9ᵉ et 10ᵉ *séances*. — La somme des angles d'un triangle est égale à deux droits.

Angles dont les côtés sont parallèles ou perpendiculaires.

Quadrilatères. — Parallélogramme, rectangle, carré, losange, trapèze.

Propriétés du parallélogramme.

11⁰ *séance*. — De la circonférence. — Rayon, diamètre, arc, corde. Les arcs égaux sont sous-tendus par des cordes égales et réciproquement.

Les cordes égales sont également distantes du centre.

Le rayon perpendiculaire à une corde divise cette corde et l'arc sous-tendu en deux parties égales.

12⁰ *séance*. — Trois points non en ligne droite déterminent une circonférence.

Tangente à la circonférence.

La tangente est perpendiculaire à l'extrémité du rayon.

Division de la circonférence en 360 degrés.

Rapporteur.

13⁰, 14⁰ et 15⁰ *séances*. — Usage de la règle, du compas, de l'équerre et du rapporteur.

Partager une droite en deux parties égales.

Partager un angle en deux parties égales.

Par un point pris sur une droite, élever une perpendiculaire à cette droite.

Par un point pris hors d'une droite, abaisser une perpendiculaire sur cette droite.

Par un point donné, mener une parallèle à une droite donnée.

Construire un triangle connaissant : 1⁰ deux côtés et l'angle compris ; 2⁰ un côté et les deux angles adjacents ; 3⁰ les trois côtés.

Trouver le centre d'une circonférence donnée.

16⁰ et 17⁰ *séances*. — Lignes proportionnelles.

Triangles semblables.

Cas de similitude.

18⁰ et 19⁰ *séances*. — Figures équivalentes ; figures égales.

Mesure des surfaces.

Surface du rectangle, du parallélogramme, du triangle, du trapèze.

20e *séance*. — Polygone.

Surfaces d'un polygone par la décomposition en triangles.

Mesure de la circonférence, de la surface, du cercle (donner la formule sans démonstration).

Applications numériques sur la mesure des surfaces.

Définition et mesure des principaux solides. Donner sans démonstration les formules de leur volume.

FORTIFICATION.

1re et 2e *séances*. — Nomenclature et usage des outils de campagne.

Divers retranchements employés en campagne. — Le retranchement le plus simple est le retranchement en ligne droite : ce tracé ne donne des feux que dans une seule direction, tous les points sont également forts et également faibles. Telle est la *coupure* facile à construire, mais dont les flancs doivent être appuyés à des obstacles infranchissables.

Le plus souvent, les retranchements sont tracés en ligne brisée; ils présentent alors des angles saillants et rentrants. Les feux les plus efficaces sont les feux perpendiculaires à la ligne de feu. — Secteurs privés de feux. — Flanquement, faces, flancs, courtines.

Ouvrages ouverts : *redan* (saillant, capitale, gorge). Limites de l'angle au saillant. — inconvénients d'un angle trop aigu.

Lunette (faces, flancs, angles d'épaule), limite des angles; — les flancs sont facilement enfilés.

Ouvrages fermés : *redoute* (passage, traverse). La redoute est facile à construire et donne des feux dans quatre directions.

Emploi, avantages et inconvénients de chacun de ces ouvrages.

3ᵉ *séance*. — Étude du profil d'un retranchement. — Noms des différentes lignes d'un profil.

Retranchement ordinaire. — Epaisseur du parapet. — Plongée. — Angle mort. — Pentes des divers talus. — Berme. — Son utilité. — Conditions auxquelles doit satisfaire le fossé (on ne fera pas le calcul des dimensions). — Largeur supérieure du fossé. — Profondeur minima. — Glacis. — Quand faut-il construire un glacis? Où prend-on les terres ?

Retranchements rapides.

Tranchées-abris. — Tracé. — Dimensions des ateliers. — Placement des pelles et des pioches. — Conduite du travail.

Trous de tirailleurs.

4ᵉ *séance*. — Revêtements. — Indiquer que les revêtements se font en gabions, fascines, gazons. — Donner une idée de ces matériaux.

Nécessité de construire dans l'intérieur des ouvrages, des abris pour les hommes et pour les munitions. — Abris en rails de chemins de fer : appuyer les rails contre le talus intérieur, les placer de champ , disposer par-dessus deux rangées de fascines et les recouvrir de terre ; épaisseur de la couche de terre

Défenses accessoires. — Abatis, ils se font sur

place ou avec des arbres transportés. — Organisation des abatis. — Réseaux de fil de fer, palissades, obstacles improvisés.

5e *séance*. — Instruction technique sur la mise à exécution des prescriptions contenues dans le règlement du 12 juin 1875, sur les manœuvres, et dans l'instruction du 4 octobre 1875, sur le service de l'infanterie en campagne, relativement à l'organisation défensive des obstacles qui se trouvent à la surface du sol.

Organisation défensive des berges et fossés.

Défense d'une haie. — Organisation défensive d'un mur de clôture; écrêter ou percer des créneaux aussi rapprochés que possible, sans affaiblir le mur; éviter qu'ils ne soient embouchés; flanquement du mur.

Défense d'une forêt : barrer les routes avec des coupures et des abatis; conserver les routes parallèles au front de l'ennemi ; se ménager des passages pour prendre l'offensive ; relier les arbres par des fils de fer; choisir un réduit en arrière d'une clairière.

6e *séance*. — Organisation défensive d'une maison isolée.

Organisation défensive d'une ferme : première enceinte formée par les murs de cour, haies, etc.; deuxième enceinte formée par les bâtiments; réduit.

Destruction des obstacles accumulés par la défense. — Emploi de la poudre ou de la dynamite pour renverser un mur, un arbre, des palissades, une porte.

7e et 8e *séances*. — Voies de communication.

Passage des cours d'eau, des fossés secs ou à ond marécageux.

Construction de petits ponts, ponceaux et passerelles.

Destruction et réparation des routes et des ponts. — Obstruction des gués.

Eléments d'une voie ferrée ; accessoires de la voie. — Notions sommaires sur le matériel mobile.

Destruction d'une voie ferrée, des ponts, des tunnels et du matériel.

Interruption d'une ligne télégraphique.

Exercices pratiques.

1re *séance*. — Chargement et déchargement des voitures d'outils.

2e *séance*. — Tracé, piquetage et profilement d'un retranchement ordinaire.

3e *séance*. — Exécution des retranchements rapides, des tranchées-abris, des trous de tirailleurs, des traverses. — Organisation et placement des ateliers.

4e *séance*. — Créneler et écrêter un mur.

5e *séance*. — Construire une barricade. — Abattre un arbre avec la hache ou la scie articulée.

6e *séance*. — Confectionner des abris pour bivouacs ; des cuisines de campagne.

TOPOGRAPHIE.

1re *séance*. — Notions préliminaires. — Topographie. — Définition et objet. — Verticale, plan horizontal. — Projection d'un point, d'une ligne, d'un objet sur un plan. — Cartes géographiques, topographiques. — Echelles ; leur usage. — Echelles employées le plus généralement.

2ᵉ *séance*. — Désignation et représentation des objets à la surface du sol. — Planimétrie, son objet. — Eaux courantes. — Eaux stagnantes. — Manière de représenter les eaux. — Moyens usités pour les franchir. — Manière de les représenter.

Voies de communication. — Lieux habités. — Constructions, cultures, terrains boisés et détails du sol. — Mode de représentation. — Signes conventionnels. — Abréviations.

3ᵉ *séance*. — Etude et figuré des formes du terrain. — Notions préliminaires, altitude, pente, côte, commandement ou relief, nivellement.

Formes diverses qu'affecte le terrain. — Mode de représentation. — Plans en relief.

4ᵒ *séance*. — Figuré du terrain au moyen des courbes. — Equidistance généralement adoptée suivant l'échelle. — Représentation d'un mamelon, d'une croupe, d'une vallée, d'un col.

5ᵉ *séance*. — Figuré du terrain au moyen des hachures. — Ligne de plus grande pente, ses propriétés. — Représentation d'un mamelon, d'une croupe, d'une vallée, d'un col. — Représentation des rochers et des escarpements. — Tracé d'un profil. — Figuré du terrain au moyen de courbes et de teintes.

6ᵉ *séance*. — Exercices de lecture de cartes à l'aide de plans en relief. — Mesure des distances, recherche des lignes de partage, des lignes de défilement de l'horizon visible d'un point donné. — Indication qu'on peut tirer de l'étude de la carte sur les ressources d'une région d'après la configuration du terrain et la nature des cultures.

7ᶜ *séance*. — Emploi de la carte pour préparer l'exécution des petites opérations du service en campagne. — Placement d'une grand'garde, des petits postes, des sentinelles. — Conduite d'un détachement.

Emploi de la carte pour le choix d'un campement, pour l'établissement d'un cantonnement.

8ᵉ *séance*. — Exécution d'un levé à vue, d'un croquis. — Mesure des distances. — Emploi d'instruments simples pour l'exécution d'un levé à vue (carton, boussole, double décimètre).

9ᵉ *séance*. — Reconnaissances. — Nécessité des reconnaissances. — Reconnaissance d'une route, d'un chemin de fer, d'un cours d'eau, d'un canal, d'un bois, d'un hameau, d'un village, d'une hauteur, d'un défilé, d'un pont. — Modèle de rapport.

HISTOIRE DE FRANCE.

1ʳᵉ *séance*. — Organisation militaire de la France sous Louis XIV. — Résumé très succinct des guerres faites sous son règne. — Fin de la guerre de Trente-Ans. — Le grand Condé et Turenne. — Rocroy, Nordlingen, Fribourg, Lens. — Le traité de Westphalie donne à la France : Metz, Toul, Verdun et l'Alsace, moins Strasbourg et Mulhouse. — Continuation de la guerre avec l'Espagne. — Bataille des Dunes, traité des Pyrénées ; le Roussillon et l'Artois sont acquis à la France. — Guerre de dévolution. — Conquête de la Flandre et de la Franche-Comté. — Traité d'Aix-la-Chapelle. — Guerre de Hollande. — Traité de Nimègue. — Ligue d'Augsbourg. — Invasion du Palatinat. — Traité de

Ryswick, ses conséquences. — Vauban. — Luxembourg. — Catinat. — Guerre de la succession d'Espagne. — Bataille de Denain. — Traités d'Utrecht, leurs conséquences. — Ministère de Louvois. — Création des Invalides.

2e *séance*. — Louis XV. — Régence du duc d'Orléans. — Guerre de la succession de Pologne. — Traité de Vienne, réunion de la Lorraine. — Guerre de la succession d'Autriche. — Victoires de Fontenoy et Raucoux remportées par Maurice de Saxe. — Paix d'Aix-la-Chapelle. — Guerre de Sept-Ans. — Défaite de Rosbach. — Désastres sur mer. — Le traité de Paris enlève à la France ses plus belles colonies. — Dupleix, Montcalm, Choiseul. — Partage de la Pologne. — La Corse est achetée aux Génois.

3e et 4e *séances*. — Louis XVI. — Guerre d'Amérique. — Traité de Versailles. — Convocation des États-Généraux. — Assemblée constituante. — Prise de la Bastille, 14 juillet. — Journées des 5 et 6 octobre. — L'Assemblée remplace les provinces par 83 départements. — Fuite de Varennes. — Assemblée législative. — Première coalition (1). — Manifeste du duc de Brunswick. — Convention nationale. — Proclamation de la République. — Soulèvement de la Vendée. — Valmy. — Jemmapes. — Dumou-

---

(1) Pour les campagnes de la République et de l'Empire, on se bornera à l'énumération des principales batailles; les chefs de corps prescriront de développer seulement une ou deux de celles auxquelles le régiment aura pris part.

riez. — Carnot. — Pichegru. — Jourdan. —
Bonaparte au siège de Toulon. — Hoche. —
Bataille de Quiberon.

Directoire. — Campagne d'Italie. — Expédition d'Egypte.

5° *séance*. — Consulat. — Campagne d'Italie.
— Montebello. — Marengo. — Convention
d'Alexandrie. — Campagne d'Allemagne. —
Hohenlinden. — Traité de Lunéville. — Institutions militaires du Consulat. — Création de
la Légion honneur.

6° et 7° *séances*. — Empire. — Coalition. —
Campagne de 1805. — Elchingen. Ulm, Austerlitz. — Traité de Presbourg. — Campagne contre la Prusse. — Iéna. — Auerstaedt. — Blocus
continental. — Eylau. — Friedland. — Paix de
Tilsitt. — Guerre d'Espagne. — Campagne de
1809 en Autriche. — Eckmühl, Essling, Wagram. — Traité de Vienne. — Campagne de
1812 en Russie. — Bataille de la Moskowa. —
Incendie de Moscou. — Campagne de 1813. —
Lutzen. — Bautzen. — Dresde. — Désastre de
Leipzig. — Campagne de France en 1814. —
Brienne. — Champaubert. — Montmirail. —
Bataille de Paris. — Bataille de Toulouse. —
Abdication de Napoléon. — Premier traité de
Paris. — Première restauration. — Les Cent-
Jours. — Ligny. — Waterloo. — Deuxième
traité de Paris. — Frontières françaises.

8° *séance*. — Seconde restauration. — Louis
XVIII. — Campagne d'Espagne en 1823. —
Charles X. — Intervention de la France en
Grèce. — Bataille de Navarin. — Expédition
d'Algérie. — Prise d'Alger. — Journées de Juillet
1830. — Avènement de Louis-Philippe. — Siège

d'Anvers. — Conquête de l'Algérie. — Siège de Constantine. — Bataille d'Isly, gagnée par le maréchal Bugeaud. — Soumission d'Abd-el-Kader. — Fortifications de Paris. — Révolution du 24 février 1848. — Proclamation de la République. — Intervention romaine.

9e séance. — Empire. — Avènement de Napoléon III. — Guerre de Crimée. — Prise de Sébastopol. — Traité de Paris. — Guerre d'Italie, en 1859. — Magenta et Solférino. — Paix de Villafranca. — Guerre de Chine. — Combat de Palikao. — Campagne du Mexique. — Siège de Puebla. — Occupation.

10e séance. — Guerre de la Prusse et de l'Autriche contre le Danemark. — Bataille de Duppeln. — Paix de Gastein. — Guerre de 1866 entre la Prusse et l'Autriche. — Bataille de Sadowa, ses conséquences. — Traité de Prague. — Guerre de 1870-1871. — Wissembourg, Wœrth, Sarrebruck. — Siège de Metz. — Borny, Rezonville, Saint-Privat. — Combats de Beaumont. — Mouzon. — Bataille de Sedan. — Siège de Paris. — Capitulation de Metz. — Continuation de la guerre sur la Loire, dans le Nord et dans l'Est. — Coulmiers. — Capitulation de Paris. — Armée de l'Est. — Traité de Francfort.

GÉOGRAPHIE MILITAIRE.

1re séance. — Étude du globe. — Les cinq parties du monde. — Races.

Asie. — Principaux Etats de l'Asie : Perse, Inde, Chine, Japon, Russie d'Asie, possessions de la France en Asie.

Afrique. — Principaux États de l'Afrique :

Égypte, Tripoli, Tunis, Maroc, le cap de Bonne-Espérance. — Possessions françaises en Afrique sauf l'Algérie.

Amérique. — Principaux États d'Amérique : États-Unis, Mexique, Venezuela, Equateur, Brésil, Pérou, Chili, République Argentine. — Possessions françaises de la Guyane et des Antilles.

Océanie. — Australie, Malaisie, Polynésie, Nouvelle-Calédonie.

2e *séance*. — Europe : Principaux Etats de l'Europe. — Mers, fleuves, montagnes. — Etat militaire des puissances européennes.

3e *séance*. — France, frontière du Nord-Est. — Portion française des bassins de l'Escaut, de la Meuse et du Rhin. — Places fortes françaises et étrangères.

4e *séance*. — Frontière des Alpes et du Jura. — Bassin du Rhône. — Places fortes françaises et étrangères.

5e *séance*. — Frontière des Pyrénées. — Principaux passages dans les Pyrénées. — Bassins de l'Adour et de l'Aude. — Places fortes françaises et espagnoles.

6e *séance*. — Côtes de l'Océan. — Bassin de la Garonne. — Bassin de la Loire. — Ports. — Iles.

7e *séance*. — Côtes de la Manche. — Bassin de la Seine. — Bassin de la Somme. — Ports.

8e *séance*. — Côtes de la Méditerranée. — Ports. — Corse. — Algérie.

9e *séance*. — Principales lignes de chemins de fer. — Routes et voies coupant les frontières.

Paris et Limoges. — Imp. militaire H. Charles-Lavauzelle.

www.ingramcontent.com/pod-product-compliance
Ingram Content Group UK Ltd.
Pitfield, Milton Keynes, MK11 3LW, UK
UKHW021652090726
13657UKWH00004B/1919